BEI GRIN MACHT SICH IHR WISSEN BEZAHLT

AF136134

- Wir veröffentlichen Ihre Hausarbeit,
  Bachelor- und Masterarbeit

- Ihr eigenes eBook und Buch -
  weltweit in allen wichtigen Shops

- Verdienen Sie an jedem Verkauf

Jetzt bei www.GRIN.com hochladen
und kostenlos publizieren

GRIN

Der Einfluss der Schwarmintelligenz von Ameisen auf das Internet der Dinge

Planung und Steuerung von Logistiksystemen

Daniel Weber

Bibliografische Information der Deutschen Nationalbibliothek:

Die Deutsche Nationalbibliothek verzeichnet diese Publikation in der Deutschen Nationalbibliografie; detaillierte bibliografische Daten sind im Internet über http://dnb.d-nb.de abrufbar.

ISBN: 9783346255112
Dieses Buch ist auch als E-Book erhältlich.

© GRIN Publishing GmbH
Nymphenburger Straße 86
80636 München

Druck und Bindung: Books on Demand GmbH, Norderstedt Germany
Gedruckt auf säurefreiem Papier aus verantwortungsvollen Quellen

Das Buch bei GRIN: https://www.grin.com/document/934387

Europäische Fernhochschule Hamburg

Logistikmanagement

Planung und Steuerung von Logistiksystemen

Hausarbeit

Planung und Steuerung von Logistiksystemen - Schwarmintelligenz – Internet der Dinge

Verfasser: Daniel Weber

Inhaltsverzeichnis

Abkürzungsverzeichnis

SC – Supply Chain

z.B. – Zum Beispiel

IT – Informationstechnik

OEM – Original Equipment Manufacturer

SPS – Speicherprogrammierbare Steuerungen

RFID – Radio-Frequency-Identification

MFS – Materialflusssteuerung

B&F – Behälter & Fördertechnik

Abbildungsverzeichnis

1. Einleitung

Die anhaltenden Globalisierung schafft eine Herausforderung für die gesamte Wirtschaft. Der Markt wächst stetig und sorgt damit für ein ständiges Wachstum der Logistik. Für Unternehmen ist es demzufolge schwierig am Markt eine gewisse Präsenz zu entwickeln oder beizubehalten. Zudem veranlassen Aspekte, wie geringere Produktionskosten, Unternehmen dazu zahlreiche Güter im Ausland herzustellen. Gleichzeitig sorgt die Auslagerung der Produktion jedoch auch für ein erhöhtes internationales Transportaufkommen. Um als Unternehmen innerhalb der globalen Entwicklung weiterhin effizient wirtschaften zu können, entwickelt sich hieraus die Gründung von Supply Chains. Der Zusammenschluss zu einer SC, einem Netzwerk, zwischen Unternehmen, Kunden und Lieferanten verhilft der Optimierung einer gesamten Wertschöpfungskette.

Der Zusammenschluss zu einem solchem Netzwerk erhöht jedoch auch die Komplexität der geforderten Logistiknetzwerke. Neben einem notwendigen dynamischen Supply Chain Management stellt vor allem das Verhältnis von Implementierung und Nutzungsdauer eines Logistiksystems einige Unternehmen in der heutigen schnelllebigen Welt vor enorme Herausforderungen.

2010 Betrug die durchschnittliche Laufzeit eines Geschäftsmodells zwischen zwei bis Jahren. Die Dauer für Entwicklung und Implementierung des Systems betrug zwischen sechs und zehn Monaten. Des Weiteren können durch neue, komplexe IT-Strukturen die Implementierungszeiten auf bis zu 24 Monate ausgereizt werden (Günthner, Chisu & Kuzmany, 2008, S. 422-425).

Dementsprechend sind zahlreiche Experten seit geraumer Zeit der Ansicht, dass ein Umdenken innerhalb der Intralogistik stattfinden sollte. Stagnierende Systeme, wie z.B. die Materialflusssteuerung, sollten durch das Internet der Dinge ersetzt werden. Intelligente und autonome Entitäten wären demnach gezielt und effektiv für den Materialfluss innerhalb des Systems verantwortlich (Günthner, Chisu & Kuzmany, 2008, S. 422-425). Erste Konzepte, wie z.B. das MultiShuttle, entwickelt vom Fraunhofer Institut für Materialfluss und Logistik und Siemens Dematic, verdeutlichen das Potential des Internet der Dinger innerhalb der Logistik (Fraunhofer IML, 2003).

Für die Umsetzung des Modells des Internet der Dinge ist vor allem die Schwarmintelligenz von Ameisen ausschlaggebend. Experten entwickelten dank der optimierten Futtersuche und der Reaktionen auf Hindernisse von Ameisen ein selbstorganisiertes, hierarchieloses System.

Demnach betrachtet die vorliegenden Arbeit die Schwarmintelligenz von Ameisen sowie deren Verhalten und stellt einen Bezug zum Internet der Dinge her. Anhand von Fallbeispielen und Abbildungen wird das Modell des Internet der Dinge mit den Konzepten von Logistiksystemen in Verbindung gebracht und für zukünftige Umsetzungen betrachtet. Die vorliegende Arbeit wird anhand eines Fazits und einer kritischen Einschätzung abgeschlossen.

2. Ameisen

Die Ameise bildet die Familie der Formicidae und gehört zu den Hautflüglern (Hymenoptera). Weltweit existieren ca. 13.000 verschiedene Ameisenarten von denen ca. 114 in Deutschland beheimatet sind. Der Verbreitungsgrad der Ameise deckt außer der Antarktis alle Terrains ab. Somit kann die Ameise, je nach Art, dank ihrer Anpassungsfähigkeit in Wüstenregionen, den Tropen oder dem heimischen Garten vorkommen (NABU – Naturschutzbund Deutschland e.V., 2018).

Grundsätzlich wird die Ameise als eusozial definiert. Eusozial beschreibt das Leben der Insekten in einer Gemeinschaft (Sozietät). Ameisen bilden, je nach Art, Staaten mit mehreren Millionen Individuen. Innerhalb der Gemeinschaft werden die Ameisen in drei Kasten unterteilt. Die erste Kaste wird von den flügellosen Arbeiterinnen gebildet. Ihr Aufgabengebiet innerhalb der Gemeinschaft umfasst den Nestbau, die Versorgung, die Brutpflege der Nachkommen sowie die Verteidigung gegen Feinde. Die zweite Kaste wird, je nach Art, von einer oder mehreren Königinnen gebildet. Ihre Aufgabe umfasst die permanente Eiablage, um somit die Nachkommenschaft zu gewährleisten. Die dritte Kaste umfasst die geflügelten männlichen Ameisen. Ihre einzige Aufgabe ist die Befruchtung der Königin. Männliche Ameisen haben in der Regel ein sehr kurzes Leben, da sie nach erfolgreicher Befruchtung sterben (Richter, o. J.).

Laut wissenschaftlichen Experten wird die Ameise als Individuum für nicht intelligent gehalten. Umso überraschender ist der Ertrag den Ameisen innerhalb ihrer Gemeinschaft durch eine perfekt abgestimmte Teamarbeit leisten. Im Kollektiv ist es der Gemeinschaft möglich, größere und stärkere Beute zu erlegen. Zudem können die Insekten durch ihren Zusammenschluss schier unüberwindbare Hindernisse überqueren. Einige Ameisenarten können durch gezieltes Einhaken von Kiefern und Füßen Brücken oder Flöße bauen, um somit das Überleben der Gemeinschaft zu sichern (Rimscha, 2008, S. 119).

2.1 Schwarmintelligenz bei Ameisen

Wissenschaftlich lässt sich der Begriff der Schwarmintelligenz innerhalb einer sozialen Insekten Gemeinschaft als Teamarbeit definieren. In Bezug auf das gewählte Fallbeispiel der Ameise führen individuelle Interaktionen einzelner Insekte zu einer Selbstorganisation innerhalb der Gemeinschaft. Die Selbstorganisation der Gemeinschaft basiert demnach auf einem strukturierten Verhalten der Insekten. Zudem kann die Entscheidungsfindung innerhalb der Gemeinschaft anhand von Erfahrungen aus vergangen Ereignissen positiv beeinflusst werden (Scholz-Reiter & Jagalski, 2009, S. 110).

Krause und Krause definieren den Begriff der Schwarmintelligenz in ihrer 2011 veröffentlichten Publikation wie folgt:

„Zwei oder mehr Individuen erwerben weitgehend unabhängig voneinander Informationen, die durch soziale Interaktion kombiniert und verarbeitet werden, so dass dadurch ein kognitives Problem auf eine Art und Weise gelöst wird, die für einzelne Individuen so nicht umsetzbar wäre" (Krause & Krause, 2010, S. 129).

Hieraus ergibt sich, dass Ameisen ausschließlich als Gemeinschaft in der Lage sind Lösungen für Konfliktsituationen zu entwickeln. Wie bereits in Kapitel 2 – Ameisen beschrieben, wird hierfür eine strikte Aufgabenverteilung vorgenommen. Essenzielle Aufgaben, z.B. die Verteidigung oder die Versorgung, werden dementsprechend an die Arbeiterinnen der ersten Kaste vergeben.

Laut Rittger ist jedoch eine zentrale Steuerung innerhalb einer Ameisengemeinschaft nicht vorhanden. Selbst die Königin einer Kolonie besitzt nicht die Fähigkeit, die gesamte Gemeinschaft zu leiten und zu führen. Zudem sind auch die in Kapitel 2 beschriebenen Kasten nicht in der Lage die Gemeinschaft zu steuern und somit eine Führungsrolle zu übernehmen. Somit entstehen innerhalb der Ameisengemeinschaft sehr flache Hierarchien (Rittger, 2006, S.23)

2.1.1 Entscheidungsfindung und Informationsübermittlung

Die Selbstorganisation eines Individuums innerhalb der Gesellschaft lässt auf eine dezentrale Entscheidungsfindung schließen. Ameisen verfügen demnach über die Fähigkeit, Entscheidungen innerhalb eines nichtdeterministischen Systems zu treffen. Mit Hilfe der Selbststeuerung können Ameisen ihr Verhalten flexibel an komplexe und dynamische Veränderungen anpassen (Scholz-Reiter & Jagalski, 2009, S. 110).Verdeutlichen lässt sich die beschriebenen Entscheidungsfindung anhand der Futtersuche von Ameisen. In der Regel suchen Ameisen ihre Futterquelle durch desorientiertes Umherwandern. Erwähnenswert ist hierbei, dass Ameisen während der Futtersuche ständig aktiv sind und nicht ruhen (Rimscha, 2008, S.120). Ist eine Ameise während der Futtersuche fündig geworden, befördert sie eine geringe Menge des Futters zurück ins Nest. Während des Transports wird durch die Ameise der biochemische Stoff Pheromon freigesetzt. Bei dem Stoff Pheromon handelt es sich um eine Signalsubstanz, die bei derselben Art spezifische Reaktionen hervorruft (Müller & Frings, 2009, S.582). Das abgesonderte Pheromon der Ameise beginnt nach seiner Freigabe mit einem Zersetzungsvorgang. Hieraus entwickelt sich eine Pheromonspur, der andere Ameisen der Gemeinschaft folgen können. Neben der Sicherstellung einer Futterquelle, lässt sich durch die Pheromonspur auch der kürzeste und somit effizienteste Weg zwischen dem Nest (N) und der Futterquelle (F) ausfindig machen.

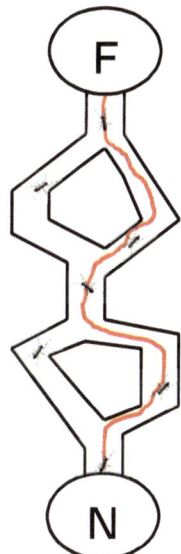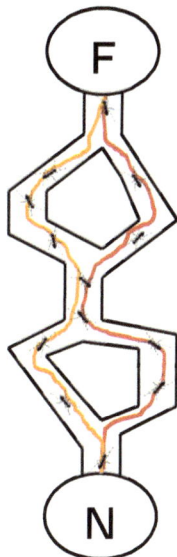

Abbildung 1: Optimierung der Futtersuche
Quelle: In Anlehnung an Johann Dréo, 2006

Einige wissenschaftliche Studien haben in den letzten Jahren verdeutlicht, dass desorientierte Ameisen einer Pheromonspur folgen sobald sie auf eine stoßen. Hierbei sondern die Ameisen auf dem Pfad der Pheromonspur erneut Pheromone ab, um die Wirkung der vorherigen Spur zu verstärken. Ziel hierbei ist es, den Weg zwischen Nest und Futterquelle in kürzerer Zeit häufiger zu nutzen. Mit dem beschrieben Verhalten verdeutlicht die Ameise ihr kollektives Verhalten (Hölldobler, Wilson, & Böll, 2013, S. 47-67). Durch die mehrmals abgesonderten Pheromone der Ameisen steigt die Wahrscheinlichkeit das sich der Pheromonspur weitere Ameisen der Gemeinschafft anschließen. Mit Hilfe des beschriebenen Verfahren kann der Nahrungsvorrat für die Gemeinschaft gewährleistet werden.

2.1.2 Arbeitsverteilung innerhalb der Gemeinschaft

Während der Nahrungssuche ähnelt das Verhalten der Ameisen einem Staffellauf. Nachdem eine Futterquelle ausfindig gemacht wurde, befördern die ersten Ameisen ein Teil der Nahrung zurück zum Nest. Den Transportvorgang zwischen Futterquelle und Nest übernehmen die ersten Ameisen solange, bis sie auf entgegenkommende Ameisen treffen. Da sich die entgegenkommenden Ameisen erst auf dem Weg vom Nest hin zur Futterquelle befinden, transportieren sie noch kein Futter. An der Stelle, an der sich die Ameisen treffen, übergeben die Ameisen ihre Ladung an die unbeladen Ameisen. Nach dem Austausch der Nahrung kehren die Ameisen wieder um und laufen zurück zu ihrem Ausgangspunkt. Die nun neubeladenen Ameisen transportieren die Nahrung solange in Richtung Nest bis sie wieder auf unbeladene Ameisen treffen. An diesem Punkt findet eine erneute Übergabe der Nahrung statt. So entstehen mehrere Übergabestellen zwischen der Futterquelle und dem Nest. Durch die ständige Übergabe der Nahrung sind nicht immer dieselben Ameisen der Belastung durch den Transport ausgesetzt. Zudem können, durch Tempoausgleichungen zwischen schnelleren und langsameren Ameisen, Arbeitsstaus vermieden werden. Hierdurch ist es den Ameisen möglich, flexibel auf Veränderungen oder unerwartete Geschehnisse zu reagieren (Rittger, 2006, S.23).

2.1.3 Reaktion auf Veränderung

Die Reaktion auf Veränderungen ist eine weitere Eigenschaft der Schwarmintelligenz von Ameisen.

Wie bereits in Kapitel 2.1.2 - Entscheidungsfindung und Informationsübermittlung beschrieben, beginnt die Futtersuche von Ameisen zuerst durch desorientiertes Umherwandern. Bekannte Wege werden demnach häufiger von Ameisen abgelaufen. Sollten Ameisen jedoch neue Wege erkunden, hinterlassen Sie hierbei eine Pheromonspur die von nachfolgenden Ameisen erkannt wird. Sollte während dem Umherwandern der Ameisen jedoch ein Veränderung bzw. ein unerwartetes Geschehnis auftreten, müssen die Ameisen auf das Hindernis reagieren (Miller, 2007, S. 72-85). Wird z.B. die Pheromonspur eines Ameisenwegs durch einen umgestürzten Baum blockiert wäre die Versorgung der Gemeinschaft nicht mehr gewährleistet. Wissenschaftliche Berichte bestätigen, dass bei einem extremen Geschehnis, bezogen auf den Größenunterschiede zwischen Ameise und Hindernis, Chaos innerhalb der Gemeinschaft ausbricht. Hierbei bewegen sich die Ameisen unkontrolliert und desorientiert hin und her, ohne ein bestimmtes Ziel. Nach kurzer Zeit legt sich das Chaos innerhalb der Gemeinschaft und die Ameisen verfolgen wieder kontrolliert ihr gemeinsames Ziel. Da die Ameisen der vorherigen Pheromonspur nicht mehr folgen können, legen sie eine neue Spur auf einem, während des Chaos willkürlich geschaffenen, Weg. Durch die Reaktion der Ameisen auf die Veränderung ihrer Route, können sie erneut den möglichst effektivsten Weg nutzen und eine Informationsweitergabe durch die gelegte Pheromonspur gewährleisten (Scholz-Reiter & Jagalski, 2009, S.111).

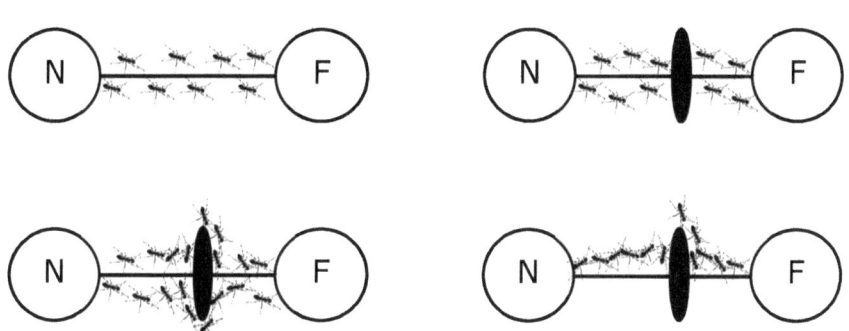

Abbildung 2: Reaktion auf Hindernisse
Quelle: In Anlehnung an Scholz-Reiter & Jagalski, 2009

Während dem Umstürzen eines Baums ist davon auszugehen, dass einige der Insekten den Vorfall nicht überleben. Die Gemeinschaft ist jedoch von dem Ereignis nicht sonderlich betroffen. Da sich der Körperbau einzelner Ameisen nicht unterscheidet, werden die verstorbenen Insekten einfach durch nachrückende Ameisen ersetzt. Hierdurch kann die Funktionsfähigkeit und Effizienz der Gemeinschaft gewährleistet werden (Focke & Wasem, 2008, S. 154-158)

3. Internet der Dinge

Das Konzept „Internet der Dinge" basiert auf dem Zusammenhang zwischen dem Internet, das als Globales Netzwerk dient, und der Schwarmintelligenz von Insekten (Borgmeier, Grohmann & Gross, 2017, S. 248-249). Bezogen auf das Fallbeispiel der vorliegenden Arbeit wird hierbei die Schwarmintelligenz von Ameisen betrachtet. Sämtliche Verhaltensweisen, die als Grundlage der Schwarmintelligenz dienen, wurden in den vorherigen Kapiteln beschrieben und nachfolgend mit dem Konzept „Internet der Dinge" in Verbindung gebracht.

Das Internet der Dinge verbindet physische Gegenstände mit dem virtuellen Raum. Hieraus ergeben sich für einige Lebens- und Geschäftsbereiche neue Möglichkeiten. So lässt sich das Internet der Dinge beispielsweise als zukünftiges Konzept zur Steuerung von Logistiksystemen nutzen (Borgmeier, Grohmann & Gross, 2017, S. 248-249). Der Verständlichkeitshalber haben Wörn und Brinkschulte den Begriff der Steuerung genau definiert:

„Die Steuerung ist der Vorgang in einem System, bei dem eine oder mehrere Größen als Eingangsgrößen andere Größen als Ausgangsgrößen aufgrund der dem System eigentümlichen Gesetzmäßigkeiten beeinflussen" (Wörn & Brinkschulte, 2006, S.7).

Laut wissenschaftlichen Experten sind einige der heute genutzten Logistiksysteme weder Nachhaltig noch zukunftssicher. Auf lange Sicht können die aktuell verwendeten Logistiksysteme den Erwartungen und Ansprüchen des Markts nicht gerecht werden. Dementsprechend werden für eine Modernisierung der Logistiksysteme Lösungsansätze gesucht. Vor allem die Schwarmintelligenz von Ameisen bzw. Insekten spielt hierbei eine zentrale Rolle. Mit Hilfe der Schwarmintelligenz erhoffen sich Wirtschaftswissenschaftler und Logistikexperten innovative Konzepte entwickeln zu können. Infolgedessen werden in den weiteren Abschnitten der vorliegenden Arbeit die bereits beschriebenen Erkenntnisse der

Schwarmintelligenz mit der Entwicklung des Internet der Dinge analysiert und abschließend bewertet.

Innerhalb des Internet der Dinge lassen sich die Aufgaben der Logistiksysteme in zwei verschiedene Bereiche aufteilen. Einen essenziellen Teil der Logistiksysteme nimmt die Materialflusssteuerung ein. Grundsätzlich lässt sich sagen, die Materialflusssteuerung koordiniert den Warenfluss in einem Logistikzentrum. Um einen effizienten Warenfluss gewährleisten zu können, sind die Aufgabenbereiche des Routings, der Stauvermeidung und der Koordination über Speicherprogrammierbare Steuerungen (SPS) unumgänglich (Rücker & Schneider, 2007, S. 7-11). Die SPS werden hauptsächlich zur Überwachung und Steuerung der Fördertechnik genutzt.

Im Gegensatz zur der herkömmlichen Materialflusssteuerung werden im Internet der Dinge intelligente Fahrzeuge und / oder Förderstrecken verwendet. Ziel der intelligente Fahrzeuge bzw. Förderstrecken ist es, Ziele eigenständig zu erkennen und somit selbstständig zu handeln.

Günthner beschreibt die genannten Fahrzeuge und Förderstrecken in seiner 2010 veröffentlichten Arbeit als Entitäten (Günthner, 2010, S.424-425). Entitäten oder auch Informationsobjekte genannt, bezeichnen, vor allem in der Informatik, materielle oder immaterielle Objekte auf denen Informationen gespeichert und verarbeitet werden.

Innerhalb der Logistik werden Entitäten hauptsächlich als Fördertechnikmodule und Transporteinheiten eingesetzt. Hierfür ist eine strategische Entscheidungsfindung und Kommunikation mit sämtlichen Entitäten innerhalb des Gesamtsystems von Nöten, die zuvor von Materialflussrechnern bearbeitet wurde (Günthner, Chisu & Kuzmany, 2008a, S. 494-497).

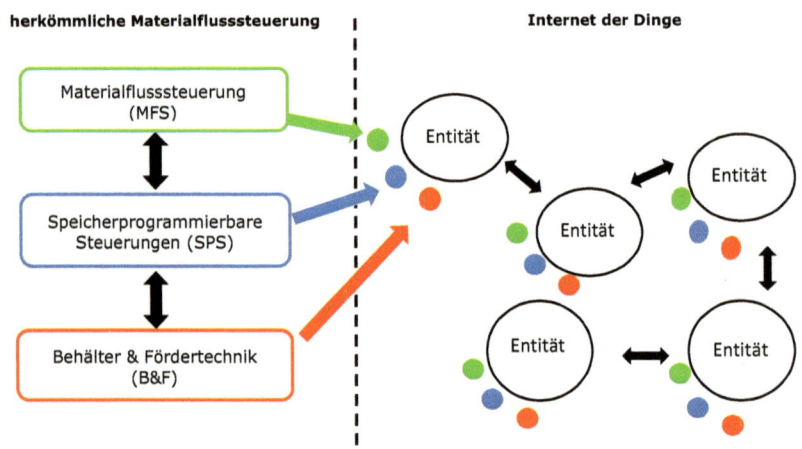

Abbildung 3: Das Internet der Dinge ist ein hierarchieloses Materialflusssystem
Quelle: In Anlehnung an Günthner, Chisu & Kuzmany, 2008a

Anhand der Abbildung lässt sich erkennen, dass das Internet der Dinge ein hierarchieloses Materialflusssystem ist. Einzelne Aufgaben z.B. die Stauvermeidung durch die MFS (Grün), die Statusüberwachung durch die SPS (Blau) und die Mechanik durch die B&F (Rot) werden von autonomen, intelligenten Einheiten übernommen. Somit werden durch das Internet der Dinge keine Zentralen mehr innerhalb eines Materialflusssystems benötigt (Günthner, Chisu & Kuzmany, 2008a, S. 494-497).

Heutzutage findet das Internet der Dinge vor allem in der Logistikbranche hohen Anklang. Durch die beschriebenen Entitäten lässt sich beispielsweise der Sortierungsprozess von Paketen effizienter gestalten. Dank intelligenter und autonomer Fahrzeuge bzw. Förderstrecken können Pakete schneller und ohne Fremdeinwirkung zum gewünschten Zielort transportiert werden (Günthner, 2008, S. 424-425).

3.1 Modularisierung als Teil der Standardisierung

In Kapitel 2.1.3 - Reaktion auf Veränderung, wurde bereits das Verhalten von Ameisen bei einem Ausfall innerhalb der Gemeinschaft beschrieben. Ein ähnliches standardisiertes Prinzip wie das Ersetzen von ausgefallen Ameisen durch nachrückende Gemeinschaftsmitglieder findet man heute im Internet der Dinge wieder. Innerhalb des Internet der Dinge werden Aufgabenbereiche von einzelnen Modulen gesteuert und überwacht. Dementsprechend wird auch die Softwarearchitektur im Internet der Dinge neu beurteilt und verwendet. Während bei herkömmlichen Materialflussrechnern eine horizontale Steuerungsebene z.B. Bereichssteuerung oder Subsystemsteuerung verwendet wurde, werden im Internet der Dinge sämtliche Module einzeln betrachtet und ausgewertet. Somit werden alle Aufgabenbereiche, die zuvor dem Materialflussrechner zugeteilt waren, auf mehrere unterschiedliche Module verteilt. Dank der Intelligenz der einzelnen Module können Aufgaben vollkommen selbstständig übernommen und erfüllt werden. Sämtliche Aufträge werden, nach präziser Zuweisung, von den Modulen priorisiert und bearbeitet. Hierbei wird durch die Schnittstellenarbeit sämtlicher Module eine Art mechatronische Komponente gebildet.

Das Internet der Dinge gleicht durch die beschriebenen standardisierten Module einem Computernetzwerk. Sämtliche Module umfassen z.B. die Mechanik, die Steuerungslogik und die Energieversorgung. Mithilfe der hier stattfinden effizienten Schnittstellenarbeit ist es möglich sämtliche Module innerhalb des Systems effizienter und nachhaltiger zu nutzen (Günthner, Chisu & Kuzmany, 2008, S. 422-425).

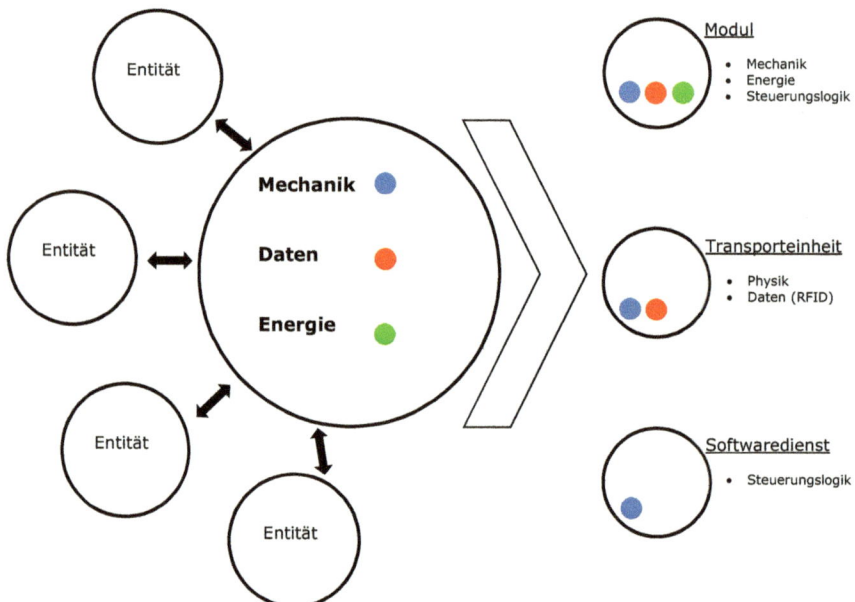

Abbildung 4: Die Grundeinheiten des Internet der Dinge sind kooperierende Entitäten
Quelle: In Anlehnung an Günthner, Chisu & Kuzmany, 2008

3.2   Selbstorganisation und Autonomie

In Kapitel 2.1.4 – Arbeitsverteilung innerhalb der Gemeinschaft wurden bereits einige Aufgaben von Ameisen sowie deren Verteilung beschrieben. Die Planung und Ausführung der Tätigkeiten z.B. die der Futtersuche erfolgt instinktiv. Es existiert innerhalb der Gemeinschaft der Ameise keine zentrale Steuerung der Aufgabenbereiche. Wie auch sämtliche Entitäten innerhalb des Internet der Dinge, planen und lenken die Ameisen sich und ihre Aufgaben selbst.

Trotzdem sind die Anforderungen an das System der Ameisengemeinschaft wie auch an das System des Internet der Dinge enorm. Neben der effizienten Durchführung sämtlicher Logistikprozesse ist vor allem die Koordination sämtlicher Fördertechnikmodule eine Herausforderung für das System Internet der Dinge. Hierfür ist eine reibungslose und effiziente Schnittstellenarbeit der einzelnen Entitäten unumgänglich (Günthner, Chisu & Kuzmany, 2008b, S. 556-558). Dementsprechend muss gewährleistet werden, dass sämtliche Entitäten innerhalb des Internet der Dinge einen Zugang zueinander haben und sich somit identifizieren können. Hierbei dient die Nahrungsbeschaffung der Ameisen als weiteres Beispiel. Ähnlich wie die Transportübergabe bei der Nahrungsbeschaffung von Ameisen, fungieren Entitäten innerhalb des Systems. Je nachdem welchem Aufgabenbereich eine Entität zugewiesen wird, besteht auch hier die Möglichkeit einer Transportgutübergabe um das zu transportierende Gut so effizient wie möglich zu bearbeiten (Günthner, Chisu & Kuzmany, 2008a, S. 494-497).

Die Entitäten innerhalb des Internet der Dinge fungieren somit als eine Art Dienstleister. Ähnlich wie Ameisen wegen Entitäten bei mehreren Entscheidungsmöglichkeiten die effizienteste Alternative ab. Um eine solche Auswahl treffen zu können werden die Entitäten von Agenten unterstützt, die im Laufe der vorliegenden Arbeit genauer beschrieben werden (Günthner, Chisu & Kuzmany, 2008b, S. 556-558)

Entitäten besitzen, ähnlich wie Ameisen, einen klar definierten Aufgabenbereich und vorgegebene Ziele. Sämtliche Aufgaben der Ameisen werden innerhalb ihrer Gemeinschaft durch die jeweilige Kaste bestimmt. Im Internet der Dinge wird die RFID-Technologie verwendet, um Entitäten ihre Aufgaben und Ziele zu übermitteln (Günthner, Chisu & Kuzmany, 2008, S. 422-425).

Die Radio-Frequency-Identification kurz RFID ist eine Technologie, die für automatische Identifikationssysteme genutzt wird. Hierbei werden sämtliche Daten, die für eine reibungslose Arbeitsweise der Entitäten notwendig sind, auf einem Transponder gesichert. Neben einer Antenne wird der Transponder an jeder Entität innerhalb des Systems montiert. Magnetische bzw. elektromagnetische Netzwerke stellen die Energieversorgung der Entitäten sowie den Datenaustausch mit RFID-Lesegeräten sicher. Mithilfe der RFID-Technologie besteht, neben der Speicherung von relevanten Daten, für Entitäten die Möglichkeit, Daten anderer Entitäten auszulesen und ihre eigenen Daten zu ergänzen. Somit findet ein ständiger Austausch innerhalb des Systems statt, mit dem ein höchst effizienter Arbeitsvorgang geschaffen wird (ten Hompel, Liekenbrock, Stuer, 2005).

Zudem werden Entitäten, wie zuvor bereits Erwähnt, durch Agenten bei der Auswahl von Entscheidungsmöglichkeiten unterstützt. Agenten bedienen sich der Ressourcen- bzw. Faktorallokation, also der Zuordnung und Verteilung von knappen Ressourcen (Eymann, 2003, S. 118-125). Ähnlich wie die ersten aufbrechenden Ameisen bei der Nahrungsbeschaffung, können Agenten durch die Ressourcenverteilung einen Deadlock verhindern. Ein Deadlock beschreibt eine Art Verklemmung im gesamten Informationssystem. Innerhalb des Internet der Dinge können Entitäten sich gegenseitig blockieren und stagnieren, da kein einheitlicher Informationsfluss herrscht (Hillesheim, 2008, S. 171-176).

Agenten haben dementsprechend die Aufgabe, sämtliche Informationen frühzeitig an die jeweilige Entität zu übermitteln. Agenten innerhalb des Systems treten grundsätzlich Virtuell auf und können demnach häufig auch als Multiagentensystem fungieren. Ein Multiagentensystem beschreibt eine Art Zusammenschluss mehrerer Agenten, das zeitgleich mehrere Entitäten betreut. Innerhalb eines Multiagentensystems sind Wahrnehmungen und Fähigkeiten eines einzelnen Agenten sehr beschränkt. Um einer exponentiell steigende Informationsübermittlungen gerecht zu werden, ist demnach ein Multiagentensystem unumgänglich. Hierbei gilt jedoch zu beachten das nach wie vor jeder der Agenten die Daten, die von der jeweiligen Entität übermittelt werden, selbstständig verarbeitet. Innerhalb des Multiagentensystems werden demnach sämtliche Informationen, die zuvor durch die Entitäten übermittelt wurden, gesichert und ausgewertet. Ähnlich wie die Gemeinschaft der Ameisen, profitiert somit das gesamte System von sämtlichen gesammelten Informationen (Eymann, 2003, S. 118-125).

3.3 Vorteile des Internet der Dinge

Die Literatur beschreibt, verglichen mit den herkömmlichen Steuerungsansätzen, etliche Vorteile, die eine Umsetzung des Systems begünstigen. Nachfolgend werden einige der Vorteile genannt und beschrieb:

- Transportleistungen lassen sich leichter skalieren und sind somit anpassungsfähiger

- Eine Art Überangebot an Entitäten führt zu einer hohen Auslastung und somit effizienten Nutzung der gesamten Anlage

- Höhere Flexibilität und Anpassungsfähigkeit gegenüber neuen Aufgabenbereichen oder Gegebenheiten

- Lieferzeiten und Fahrwegen werden verkürzt

- Entitäten sorgen für mehr nutzbare Fläche innerhalb des Unternehmens

- Notwendige Kosten für Transportleitsysteme z.B. Hardware und Software bleiben aus (Albrecht, 2011, S.17)

4. Fazit

Bis Heute lässt sich sagen, das Konzept des Internet der Dinge ist in seiner Umsetzung noch nicht vollständig erfüllt worden. Dementsprechend sind Experten an einer stetigen Verbesserung des Konzept interessiert. In jüngster Vergangenheit zeigten bereits erste Umsetzungsversuche, dass das Konzept des Internet der Dinge enormes Potenzial besitzt.

Beispielsweise wurde während der EXPO200 auf dem Messegeländer in Hannover ein Areal erschaffen, auf dem sich über 70 Entitäten eigenständig bewegten. Sämtlichen Besuchern war es, während der Messe gestattet dasselbe Areal zu betreten und begutachten. Dementsprechend mussten die einzelnen Entitäten nicht nur ihren zugewiesen Aufgaben nachkommen, sondern gleichzeitig auf mögliche Hindernisse durch Besucher reagieren (Albrecht, 2011, S. 13).

Mit Hilfe des Internet der Dinge lassen sich Güter einfach und präzise verfolgen. Mit der Verwendung von RFID lassen sich Entitäten tracken und somit der gesamte Logistikprozess überwachen. Zwischen dem Wareneingang und dem Warenausgang besteht die Möglichkeit sämtliche Daten zur Transportdauer, der Temperatur oder dem Zustand der Ware abzurufen. Neben der Möglichkeit effizienter auf Unregelmäßigkeiten reagieren zu können, besteht für den Kunden eine lückenlose Sendungsverfolgung.

Des Weiteren lassen sich durch Intelligente Fertigungssysteme die Lagerbestände eines Unternehmens optimieren. Anhand von gesammelten Daten lassen sich präzise Prognosen und Trends aufstellen. Unter Berücksichtigung der Prognosen und einem optimal abgestimmten Fertigungsprozess ist die Einhaltung von Lieferterminen zuverlässiger (Newman, 2018).

Das Fraunhofer Institut für Materialfluss und Logistik entwickelte in Zusammenarbeit mit Siemens Dematic das MultiShuttle. Das MultiShuttle beschreibt eine schienengebundene Entität, die innerhalb eines Lagers als Regalfahrzeug dient. Mit Hilfe des MultiShuttle wurde ein effizientes und flexible einsetzbares System entwickelt, dass die Schnittstellenarbeit zwischen Transport und Lagerung optimiert (Fraunhofer IML, 2003).

Außerhalb der Logistik sind vor allem Produkte, wie z.B. die Apple Watch, Amazon Echo oder Google Home nur einige Beispiele für das allgegenwertige Internet der Dinge. Laut Wirtschaftsexperten sollen im Jahr 2020 mindestens 20 Milliarden Produkte mit dem Internet der Dinge verknüpft sein. In Barcelona wurde sogar vor geraumer Zeit beschlossen, ein gesamtes Stadtviertel ausschließlich nach dem Konzept des Internet der Dinge auszurichten (Lapp, 2018).

Allgemein lässt sich sagen, dass das Internet der Dinge samt seiner ermittelten Daten das Leben der Menschen verändert hat und noch weiter verändern wird. Um jedoch innerhalb eines Unternehmen von Erfolgen sprechen zu können, benötigt es mehr als nur Technologie. Das Internet der Dinge muss demnach gezielt auf Kundenbedürfnisse, Effizienz und Entwicklung des Unternehmers ausgerichtet werden.

Innerhalb der Logistik lässt sich langfristig durch das Internet der Dinge eine effizientere und kostengünstigere Alternative gegenüber der heutigen Steuerungssysteme finden. Vor allem durch ein immer größer werdendes Netzwerk innerhalb von SCs ist der Einsatz des Internet der Dinge für eine nachhaltigere und effizientere Arbeitsweise fast unabdingbar. Dank der gesammelten und ausgetauschten Daten lassen sich somit Missstände innerhalb der Logistik effektiv und kostengünstig beheben. Das beschriebene Verhalten von Ameisen innerhalb ihrer Gemeinschaft, das hier einer SC ähnelt, unterstreicht das Prinzip der Schwarmintelligenz und somit den Einfluss des Internet der Dinge.

5. Literaturverzeichnis

Albrecht, T. (2011). Mobile Roboter schwärmen Zellulare Fördertechnik statt konventioneller Rollenbahnen. Logistik entdecken, 8, 12–17. Abgerufen von http://publica.fraunhofer.de/dokumente/N-162291.html

Borgmeier, A., Grohmann, A. & Gross, S. (2017). Smart Services und Internet der Dinge: Geschäftsmodelle, Umsetzung und Best Practices. München, Deutschland: Carl Hanser Verlag GmbH & Co. KG.

Eymann, T. (2003). Digitale Geschäftsagenten (1. Aufl.). Berlin, Deutschland: Springer Publishing. https://doi.org/10.1007/978-3-642-55622-7

Focke, A. & Wasem, P. D. J. (2008). Regionale Leistungs- und Krankenhausplanung (1. Aufl.). Wiesbaden, Deutschland: Deutscher Universitätsverlag. https://doi.org/10.1007/978-3-8350-9351-5_6

Fraunhofer IML. (2003, September 16). MultiShuttle. Flexibel lagern und fördern. Abgerufen 24. August 2020, von http://publica.fraunhofer.de/documents/N-19103.html

Günthner, W., Chisu, R. & Kuzmany, F. (2008). Internet der Dinge - Intelligent verteilt. F + H Fördern und Heben, 58(7–8), 422–425. Abgerufen von http://mediatum.ub.tum.de/node?id=1187863

Günthner, W., Chisu, R. & Kuzmany, F. (2008a). Internet der Dinge - Steuern ohne Hierarchie. F + H Fördern und Heben, 58(09), 494–497. Abgerufen von http://mediatum.ub.tum.de/node?id=1188328

Günthner, W., Chisu, R. & Kuzmany, F. (2008b). Internet der Dinge - Zukunftstechnologie mit Kostenvorteil. F + H Fördern und Heben, 58(10), 556–558. Abgerufen von http://mediatum.ub.tum.de/node?id=1187897

Hillesheim, D. (Hrsg.). (2008). Innovativer Speditionshof mit fahrerlosen Fahrzeugen. In Autonome Mobile Systeme 2007 (S. 171–176). Berlin, Deutschland: Springer Publishing. https://doi.org/10.1007/978-3-540-74764-2_27

Hölldobler, B., Wilson, E. O. & Böll, S. (2013). Ameisen. Basel, Schweiz: Birkhäuser. https://doi.org/10.1007/978-3-0348-6372-8

Krause, J. & Krause, S. (2010). Kollektives Verhalten und Schwarmintelligenz. In Darwin meets Business (S. 127–134). Wiesbaden, Deutschland: Gabler Verlag. https://doi.org/10.1007/978-3-8349-6381-9_12

Lapp, J. (2018, Mai 21). Was ist das Internet der Dinge und was hat es mit Marketing zu tun? Abgerufen 24. August 2020, von https://blog.hubspot.de/marketing/internet-der-dinge-marketing

Miller, P. (2007). Schwarmintelligenz. National Geographic, 8, 72–85. Abgerufen von https://www.nationalgeographic.de/tiere/schwarmintelligenz

Müller, F. & Frings, S. (2009). Tier- und Humanphysiologie (4. Aufl.). Berlin, Deutschland: Springer-Verlag. https://doi.org/10.1007/978-3-642-00462-9

NABU – Naturschutzbund Deutschland e.V. (2018, Juli 10). Ameisen - NABU. Abgerufen 27. Juli 2020, von https://www.nabu.de/tiere-und-pflanzen/insekten-und-spinnen/hautfluegler/ameisen/index.html

Newman, D. (2018, Januar 9). How IoT Will Impact The Supply Chain. Abgerufen 30. August 2020, von https://www.forbes.com/sites/danielnewman/2018/01/09/how-iot-will-impact-the-supply-chain/#7dfeb8033e37

Richter, I. (o. J.). Eine Einführung in die Welt der Ameisen. Abgerufen 27. Juli 2020, von https://www.online.uni-marburg.de/botanik/nutzpflanzen/iris_richter/Homepage.html

Rimscha, M. (2008). Algorithmen kompakt und verständlich. Wiesbaden, Deutschland: Springer Vieweg. https://doi.org/10.1007/978-3-658-05618-6

Rittger, C. (2006). Wettbewerbsvorteil Anpassungsfähigkeit. Hamburg, Deutschland: Diplomica Verlag.

Rücker, T. & Schneider, P. D. H. (2007). Optimale Materialflusssteuerung in heterogenen Produktionssystemen. Wiesbaden, Deutschland: Deutscher Universitätsverlag. https://doi.org/10.1007/978-3-8350-9372-0

Scholz-Reiter, B. & Jagalski, T. (2009). Die Intelligenz der Schwärme - Strategien zur Steuerung komplexer Logistik. In Wachstum - Eskalation, Steuerung und Grenzen (S. 109–123). Stuttgart, Deutschland: Georg Thieme Verlag.

ten Hompel M, Liekenbrock D, Stuer P (2005). Realtime Logistics : echtzeitnahe Steuerung von Materialflusssystemen auf Basis autonomer Agenten und Entitäten. Logistics Journal : nicht-referierte Veröffentlichungen, Vol. 2005.

Wörn, H. & Brinkschulte, U. (2006). Echtzeitsysteme. Berlin, Deutschland: Springer Publishing. https://doi.org/10.1007/b139050